Un duo de choc

Novélisation : Christophe Desmottes
Conception graphique : Valérie Gibert et Philippe Sedletzki

Hachette Livre, 43 quai de Grenelle, 75015 Paris.

KRYPTO
The SUPERDOG ™

Un duo de choc

Basé sur l'épisode *The Dark hound strikes*,
écrit par Tim Cahill et Julie Mc Cahill

HACHETTE

LES HÉROS

Krypto [illegible] Kévin

Krypto est loin d'être un chien comme les autres ! Comme Superman, il est doté de super-pouvoirs. Il s'en sert chaque jour dans sa mission : porter secours aux animaux en danger, partout sur la Terre. Courageux, le Superchien déteste l'injustice et la violence.

Kévin est un garçon de neuf ans, qui vit à Métropolis. Il adore l'aventure… et avec Krypto, il est servi ! Grâce au communicateur intergalactique il comprend tout ce que dit le Superchien.

Ensemble, les deux complices peuvent aller n'importe où… pourvu qu'ils soient à l'heure pour le dîner !

Andréa

Éclair

Éclair est le chat d'Andréa, la jolie voisine de Kévin. Il est roux, tigré, très paresseux et carrément goinfre ! C'est un accident qui lui a donné des super-pouvoirs. Et même si sa devise est « Ne vous frottez pas à l'Éclair », il préférera toujours capturer un banc de poissons plutôt qu'un gang de voleurs…

Ace

Parfois, Ace le Bat-Chien aide Krypto dans sa lutte contre le crime canin. Ce molosse, qui manque totalement d'humour, est aussi talentueux que son maître, Batman. Son Bat-collier cache de nombreux bat-gadgets.

LES GENTILS

La Patrouille des Chiens de Chasse

Brenda

Cet élégant lévrier à l'autorité naturelle dirige la Patrouille des Chiens de Chasse. Ses exceptionnelles capacités mentales lui permettent de prévoir l'avenir. À ses heures, elle est aussi télépathe…

Croc-Blanc

Ce magnifique Husky a le pouvoir de transformer un de ses crocs en une défense de près d'un mètre ! Elle devient alors une redoutable perceuse, capable de traverser les parois les plus épaisses et les plus dures.

Papattes

On l'appelle « le chien aux mille pattes ». En réalité, il n'en possède que huit. Mais c'est déjà pas mal ! Il peut étirer suffisamment ses pattes pour bondir par-dessus les immeubles les plus hauts.

Baudruche

Baudruche est un amour de petite chienne. Lorsqu'elle doit combattre un ennemi, elle gonfle comme un ballon ! Baudruche peut flotter dans les airs, rebondir partout et mettre K.O. ses adversaires.

Hot-Dog

Hot-Dog est le « teckel chauffant » du groupe. Lorsqu'il devient tout rouge : méfiance ! Le toutou dégage une chaleur extrême, capable de faire fondre l'acier le plus solide.

Bouledogue

Le petit plus de Bouledogue, c'est une magnifique paire de cornes, qu'il peut faire sortir à volonté. Ce chien au caractère bien trempé surmonte alors tous les obstacles et vient à bout de ses adversaires.

Bengo

L'arme secrète de Bengo, c'est sa queue. Il peut la transformer en lasso, en fouet ou en arme. Mieux encore ! Il peut lui faire prendre la forme de tout objet utile à ses missions.

LES MÉCHANTS

Maléficat

Cruel, diabolique et imprévisible, Maléficat est le pire ennemi de Krypto. Ce chat-robot est presque invulnérable, et son seul but est de dominer le monde ! Il a toujours sur lui un peu de kryptonite pour neutraliser le Superchien.

Sushi Matou

Ce petit chat a souvent l'air adorable et inoffensif. Mais ne vous y fiez pas, car Sushi Matou est le bras droit de Maléficat ! Malin et perfide, il trouve toujours le moyen de nuire à Krypto et à la Patrouille des Chiens de Chasse.

Delilah

Delilah est une grande séductrice. Mais méfiance ! C'est aussi une chatte calculatrice, sournoise et très dangereuse. Cet agent de Maléficat a toujours une mauvaise idée en réserve pour tenter d'éliminer Krypto et ses amis.

Lex Luthor

Ignatius

Cet iguane est l'animal de compagnie d'un des pires ennemis de Superman : l'infâme Lex Luthor.
Ses qualités : aucune !
Ses défauts : tous ! Ignatius n'a aucune morale et est prêt à tout. Pour se remplir l'estomac, il est capable d'utiliser les armes les plus dangereuses.

Bud et Lou

Bud et Lou sont les hyènes du principal ennemi de Batman : le Joker.

Une astuce pour les distinguer : leurs colliers ! Celui de Bud est violet, celui de Lou est vert. Prudence ! Quand Bud et Lou sont dans le quartier, c'est qu'un mauvais coup se prépare…

Chapitre 1

Du nouveau à Métropolis !

— Ah, la journée va être belle, dit Krypto.

Il commence une patrouille d'inspection dans le ciel bleu de Métropolis. Le soleil éclatant et l'air vif du matin le rendent joyeux.

— Aucun problème à l'horizon…

Mais Superchien est un peu trop optimiste : il capte soudain une

onde qu'il ne connaît pas et fronce les sourcils. Grâce à sa super-vision, il aperçoit, au loin, une chose qui n'a rien à faire là en plein jour et qui fonce sur lui.

— Une chauve-souris ! Qu'est-ce qu'elle fait ici en plein jour ?

Krypto doit s'écarter pour éviter le choc. Et quand le petit animal passe juste en dessous de lui, il est très étonné :

— Mais, ce n'est pas une *vraie* chauve-souris ! s'exclame-t-il. Ah ! Je comprends : quelqu'un veut attirer mon attention. Eh bien, ne le faisons pas attendre !

Krypto s'élance à la poursuite de cette drôle de bête. Mais la course ne dure pas longtemps : il la retrouve rapidement, au sommet d'un gratte-ciel, coincée dans la gueule d'un énorme chien. Apparemment, l'objet est à lui. Ce chien gris à la truffe bleue, est très impressionnant. Il porte une immense cape et son masque noir ne laisse apparaître que ses yeux, ses oreilles pointues et son museau.

Le gros collier jaune qu'il a autour du cou est décoré d'une chauve-souris noire aux ailes déployées.

— Joli costume ! lance Krypto, en se posant près de lui. Sobre, mais efficace.

D'un coup de tête, le chien envoie la fausse chauve-souris dans les airs. Elle virevolte un instant, avant de retomber directement dans un compartiment, à l'arrière du collier.

— Je me présente, annonce l'inconnu d'une grosse voix calme : Ace, le Bat-Chien.

— Ah ! J'ai entendu parler de toi, répond Krypto. Tu es le chien de Batman !

— *Partenaire.* Je suis son *partenaire.* On dit que je suis son chien, mais moi, je te dis que je suis son *partenaire* !

— Comme tu voudras, *partenaire* ! Moi, c'est Superchien !

— Je sais.

— Oh ! Très flatté. Et... qu'est-ce qui t'amène à Métropolis, mon vieux ? Enfin... *partenaire* ?

— Des ennuis. Le Joker, l'ennemi de Batman, a prévu un mauvais coup. Je ne sais ni où, ni quand, ni comment, mais des chiens sont concernés. Ils sont en danger. Je voulais te prévenir pour que tu ouvres l'œil.

— C'est très sympa. Et toi ? Que comptes-tu faire ?

— J'ai mes indicateurs ici. Je vais leur demander un peu d'aide. Ensuite, j'agirai.

— On serait plus efficaces si on travaillait ensemble.

— J'ai l'habitude de travailler seul. J'aboierai si j'ai besoin de toi. Mais n'y compte pas trop...

Sur ces paroles, Ace plonge majestueusement dans le vide. Il atterrit sur un balcon, puis repart en s'accrochant à des échelles de secours. Enfin, il se pose élégamment sur le toit d'une camionnette qui passe et disparaît au loin.

— Il a la grosse tête, mais il est sympa, ce Bat-Chien ! dit Krypto en le regardant s'éloigner. Alors, comme ça, il croit que je vais attendre qu'il me siffle pour agir... C'est ce qu'on va voir !

Chapitre 2

Il faut trouver Jimmy !

La nuit est tombée sur la ville. Un rat au regard malin et au ventre bien rond court, emportant avec lui un nombre incalculable de morceaux de fromage. Bien plus qu'il ne pourrait en avaler lui-même ! Des cris et des hurlements s'échappent de l'immeuble d'où il s'enfuit : « Au voleur ! Cette sale bête a embarqué la moitié du plateau de fromages ! »

Il n'a parcouru que quelques mètres quand un rayon de lumière surpuissant le fait stopper net.

— Jimmy ! lance Ace de sa grosse voix. Mon rat préféré ! Excuse-moi, je t'éblouis !

Le rongeur a tellement peur qu'il lâche le fromage et essaie de filer. Mais Bat-Chien pose une patte sur le bout de sa queue, l'attrape délicatement et le soulève à hauteur de sa truffe.

— Tu es pressé, Jimmy ?

— C'est-à-dire que… heu… je suis, pour ainsi dire, en mission : je dois rapporter ce fromage de toute urgence à son propriétaire et… heu… ben, après, on m'attend à la maison, quoi ! bredouille le rat.

— Je vois. Toujours aussi menteur, hein ? Arrête tes salades et donne-moi plutôt les dernières infos que tu as sur le Joker.

— Le Joker ?? Aucune nouvelle. Il n'est pas à Métropolis. Justement, j'en parlais encore avec ses deux hyènes tout à l'heu… oups ! Jimmy s'interrompt : il se rend

compte qu'il est en train de gaffer.

— Continue, je t'en prie ! Donc, tu as vu Bud et Lou, les hyènes du Joker ? Où ? Quand ? Réponds ! grogne Ace, d'un ton glacial.

— T'énerve pas ! Je les ai croisées cet après-midi. Elles rôdaient près du stade de Métropolis.

— Qu'est-ce qu'elles faisaient là ?

— J'en sais rien… Je te jure ! Repose-moi par terre, s'il te plaît !

— Elles ont peut-être l'intention de perturber le concours canin qui va s'y dérouler, annonce soudain la voix de Superchien. Tu vois, tu ne m'as pas sifflé, mais je suis quand même là ! Je t'ai retrouvé grâce à ma super-vision et mon super-odorat.

— Et en plus, tu voles ! ajoute Bat-Chien. Tout ça te facilite vraiment la vie…

Ace est un peu vexé par l'arrivée imprévue de Krypto. Mais il se dit qu'en associant leurs super-pouvoirs, ils pourraient faire des choses formidables.

— Et si on faisait équipe ?

— Je ne suis pas contre !

— Excellente idée ! crie Jimmy le rat. Mais, Ace, s'il te plaît, est-ce que tu peux me lâcher, maintenant ? Tu n'as plus besoin de moi et je commence à me sentir mal…

Ace dépose délicatement le petit rongeur près de lui. Sur la pointe des pattes, Jimmy décide d'aller récupérer discrètement ses morceaux de fromage et de filer.

— Qu'est-ce que tu fais ? lui demande Bat-Chien.

— Eh bien, moi aussi je viens d'avoir une excellente idée : je ramasse mes petites affaires et… je rentre…

Malicieusement, Ace se baisse, approche son gros museau de la tête du petit rat et fait : « BOUH ! »

Jimmy bondit de dix fois sa hauteur, ne prend pas le temps de ramasser ses morceaux de fromage et détale à toutes pattes.

— Même pas peur ! lance-t-il avant de disparaître au coin de la rue.

Ace fait un clin d'œil à Krypto et, sans même se parler, ils décident de passer à l'action.

Chapitre 3

Bud et Lou

« Mesdames, Mesdemoiselles, Messieurs, bienvenue au stade de Métropolis ! annonce la voix du présentateur, dans l'immense salle de spectacle. Après les demi-finales de cet après-midi, les juges du Grand Concours d'Élégance Canine vont bientôt dévoiler le nom du plus beau chien de l'année. »

Ace avait raison : les chiens présents dans le stade sont en danger : Jimmy le rat a vu les hyènes du Joker traîner dans le quartier ! Mais, pour l'instant, tout est calme. Le jury, composé de deux femmes et un homme, examine les derniers concurrents sous les yeux des spectateurs.

— Oh ! Comme il est mignon ! s'écrie une des trois juges, en s'arrêtant devant le box d'un adorable Yorkshire.

— Absolument ! confirme le président du jury, en prenant quelques notes. Tout à fait mignon !

Dans le box suivant se trouve un joli caniche rose, au collier jaune. Il porte un élégant nœud violet sur

la tête.

— Oh ! Comme il est craquant ! s'exclame la juge, encore plus fort.

— Absolument ! insiste le président. Tout à fait craquant !

Ils poursuivent leur chemin, puis s'arrêtent stupéfaits quand ils découvrent les candidats suivants : dans le box, il y a deux hyènes baveuses, au pelage rouge. Elles se ressemblent étonnamment, ont le même air idiot et ricanent bêtement. Seuls leurs colliers sont différents : l'un est violet, l'autre vert.

— Oh ! hurle la juge, en lisant le panneau au-dessus du box. Des « hyènes rieuses de Tanzanie » ! Une espèce très rare ! Surprenant, mais après tout, ce sont des chiens, en quelque sorte… Cela rend ce concours terriblement exotique !

— Absolument ! répète le président, tout de même très surpris. Ces spécimens sont tout à fait… rares. Et tout à fait… exotiques !

Après avoir pris quelques notes supplémentaires, ils continuent leur inspection. De leur côté, les

deux hyènes sont ravies :

— Ah ! Ah ! Ah ! ricane la première, en passant la tête par l'ouverture du box. On les a eus, Lou ! T'as entendu ça ? Ils nous trouvent *exotiques* !

— Ouaiiiiiiiiis ! ajoute la seconde. Tu m'étonnes qu'on est *une espèce très rare*... Plus pourri, plus malin et plus méchant que nous, je vois pas, Bud ! Ah ! Ah ! Ah !

— Bon ! Le jury, c'est réglé. Allez ! Au boulot, maintenant.

Les deux bêtes hideuses sautent discrètement de leur box.

— T'as les masques à gaz, Lou ?

— Ouaiiiiiiiiis, Bud ! Tiens !

Elles se dirigent vers le décor. Il y a des reproductions géantes d'objets pour chiens : niches, os à ronger, balles, gamelles…

— Attention, les amis ! lance Lou. Y'a de la surprise dans l'air !

D'un coup de patte, les hyènes enfilent leurs masques. Puis Lou saute sur un énorme ballon qui représente un chien tout bleu. En

atterrissant dessus, il déclenche un mécanisme diabolique : une mystérieuse fumée verte sort par la gueule du chien géant et envahit tout le stade !

Chapitre 4

Sale temps pour les héros

Immédiatement, tout le monde se met à bâiller. La fumée qui remplit le stade est un gaz soporifique ! Les juges, ainsi que les maîtres et leurs chiens, s'écroulent les uns après les autres et s'endorment profondément.

— Ah ! Ah ! Faites de beaux rêves ! rigole Bud.

— Pendant ce temps, nous, on va réaliser le nôtre ! ajoute Lou.

La fumée disparaît petit à petit et les deux hyènes peuvent retirer sans risque leurs masques à gaz.

— Pouah ! lance Bud. J'ai tellement rigolé que j'ai mis plein de bave dans mon masque ! Trop drôle !

— Moi aussi, répond Lou, en s'essuyant la bouche avec une

patte. Maintenant, c'est eux qui vont en baver : le plan du patron fonctionne parfaitement.

— Allez ! Viens ! C'est par ici que ça se passe, conclut Bud.

Les deux hyènes se dirigent vers la table du jury. En plein milieu se trouve le premier prix du concours de beauté : un énorme sac, rempli d'argent.

— Voilà ! déclare Lou. On n'a plus qu'à se servir et retrouver le patron !

Bud saute sur la table et prend le sac à pleine gueule. Mais au moment où les deux affreuses hyènes s'apprêtent à partir, la voix grave de Bat-Chien retentit :

— Eh ! Pas si vite, bande de rigolos.

On se calme ! dit Ace, derrière Superchien.

— Tiens ! dit Lou. L'aboyeur masqué ! Et le toutou volant est là aussi, ajoute-t-il en voyant Krypto. Ouh ! Qu'est-ce que j'ai peur ! Ah ! Ah !

— Vous rigolerez moins quand on vous enverra au zoo, répond

Ace. Faites passer la monnaie !

— Ben voyons ! ricane Lou. Balance le sac ! dit-il à Bud.

— Bien sûr, attrape ! répond son complice, en envoyant l'argent dans les airs.

Ni Bat-Chien, ni Krypto ne le récupèrent. Lou prend le trésor et s'enfuit, pendant que Bud empêche les deux chiens de le poursuivre.

— Krypto ! lance Ace. Rattrape-le ! Moi, je me charge de l'autre !

Superchien prend son envol pour empêcher Lou de sortir du stade. Bud est malin, mais pas aussi musclé que Bat-Chien. En un éclair, Ace l'envoie s'écraser contre un mur.

— OK, OK… gémit la hyène. Je me rends. T'es trop fort pour moi !

— Humm, ça rigole moins, répond Ace. Alors, allons-y !

Il s'approche de Bud et le saisit par son collier. Mais à ce moment, il reçoit une décharge électrique extrêmement violente. La hyène lui a tendu un piège : Bat-Chien se retrouve paralysé. Il est obligé de lâcher prise.

— J'adore mon collier électrifié ! rigole Bud. Toujours aussi efficace contre les prétentieux.

Et la hyène s'échappe…

Chapitre 5

Pris au piège

De son côté, Krypto doit absolument empêcher l'autre hyène d'emporter l'argent. Lou a pris la direction de la sortie, mais Superchien est bien plus rapide que lui et va bientôt le rattraper.

« Oh, oh ! pense la hyène, en regardant tous les objets qui décorent la salle. Je crois que j'ai une idée ! »

Elle bondit sur une boîte géante

de croquettes pour chien. Une fois dessus, elle pousse si fort avec ses pattes arrière, que l'énorme boîte bascule. Et Lou a bien visé : en tombant, la boîte va écraser les membres du jury endormis juste en dessous. Krypto n'a pas le choix : s'il veut sauver la vie des juges, il doit abandonner la poursuite. Il se précipite vers la boîte géante et la retient au dernier moment.

— Ah ! Ah ! ricane la hyène, per-

chée sur un gigantesque poteau à incendie. Tu crois que ça va être aussi facile! Regarde !

En appuyant de toutes ses forces, elle réussit à faire tomber l'immense poteau. Cette fois, ce sont trois chiens, évanouis dans leurs box, qui sont en danger. Superchien vole vers eux et les ramasse au passage, une seconde avant que le poteau pulvérise les box. Le temps qu'il les sauve, Lou a disparu.

En paralysant Ace et en forçant Krypto à aider les juges et les chiens, les deux hyènes ont réussi leur coup.

— Bien joué, mon vieux ! lance Bud en rejoignant Lou.

— Allez, pas de temps à perdre !

Les deux hyènes se ruent vers l'escalier qui conduit au toit du stade. Mais, à peine sont-elles arrivées sur la terrasse que Ace et Superchien les y rejoignent.

— Alors ?! lance Bat-Chien. Vous pensiez nous semer aussi facilement ?

— Vous êtes vraiment idiots, ajoute Krypto. Que voulez-vous faire, maintenant que vous êtes coincés à plusieurs dizaines de mètres de haut ?

— Oui, vous n'irez nulle part ! On vous tient !

Curieusement, Bud et Lou se mettent à ricaner. Ils en bavent même de plaisir…

— Nous, idiots ? s'exclame Lou. Je crois que vous vous trompez.

— En fait, vous avez tort et raison à la fois, poursuit Bud. On n'est pas idiots, mais on ne va nulle part. Je crois plutôt que c'est vous qui allez faire un beau voyage !

Sur ces paroles, Lou presse un mystérieux bouton, incrusté dans le rebord de la terrasse. Instantanément, les deux chiens se retrouvent plaqués au sol. Leurs colliers en métal sont attirés par une force étrange.

— Ma parole ! s'écrie Superchien. Mais il y a un aimant surpuissant là-dessous ! Je ne peux plus rien faire !

— On est coincé ! confirme Ace.

— Eh ouais ! lance Bud. Le Joker se doutait que vous alliez nous mettre des bâtons dans les roues. Donc il vous a réservé une surprise ! Un beau petit piège… Vous êtes prêts ? C'est parti !

La hyène presse un second bouton. Cette fois, la partie du sol à laquelle ils sont collés commence à se soulever. Ace et Krypto s'aperçoivent qu'ils sont en fait sur le toit d'une soucoupe volante. C'est la force magnétique de l'engin qui les retient prisonniers. La sou-

coupe s'élève rapidement et prend de l'altitude.

— J'y mets toute ma force, crie Ace à Krypto, mais je n'arrive pas à me libérer !

— Moi non plus ! Aucun de mes super-pouvoirs ne fonctionne !

Sur le toit du stade, Bud et Lou se tordent de rire :

— Bon voyage ! Ah ! Ah !!

— C'est ça, ouais ! Envoyez-nous une carte postale ! Hi ! Hi !!

Ace et Krypto sont déjà très haut dans le ciel.

— Il faut vite trouver une solution, dit Superchien. On fonce tout droit vers l'espace. Si on ne trouve pas rapidement comment descendre de cette soucoupe, nous sommes perdus !

Chapitre 6

Quel duo !

L'oreille plaquée à la soucoupe volante, Ace se concentre. Soudain, son regard s'éclaire.

— Krypto, ça y est ! lance-t-il. J'ai localisé le moteur de cet engin diabolique. Si tu arrives à le neutraliser, tu désactiveras aussi l'aimant qui nous retient. Ajuste ta vision-laser à trois centimètres sur ta gauche. C'est là qu'il faut frapper. Un tir direct et surpuissant devrait mettre tout le système hors service.

— Excellente proposition !

Superchien se concentre quelques secondes et deux rayons laser jaillissent de ses yeux. Le bruit infernal du moteur cesse instantanément. Comme l'avait prévu Bat-Chien, l'effet de l'aimant s'arrête aussitôt. Krypto et Ace sont enfin

libres ! Malheureusement, ils sont déjà haut dans le ciel et la soucoupe volante plonge à présent vers la Terre à une vitesse vertigineuse. Ace a de nombreux pouvoirs, mais il ne sait pas voler. Pour ne pas être éjecté, il se cramponne à la machine.

— Krypto, je crois que maintenant, c'est à toi d'avoir une idée géniale. Et vite ! Sinon, dans dix secondes, on va s'écraser au sol !

— Accroche-toi ! Je vais voir si j'ai toujours de bons crocs !

Superchien prend son envol, effectue une magnifique pirouette et attrape le bord de la soucoupe volante à pleines dents. Avec sa Superforce, il parvient à ralentir l'engin et le stabilise à quelques mètres du sol.

— Bien joué ! s'écrie Ace. Tu mérites vraiment ton nom de Superchien !

— Hin, hin... répond Krypto, qui ne peut pas lâcher la soucoupe. 'Erci ! Ain'nant, il aut re'rou'er les hyènes, essaie-t-il d'articuler.

— Tu as raison : il faut retrouver les hyènes. Rapportons leur joujou à ces sales bêtes !

Quand Krypto les repère, grâce à sa super-vision, Bud et Lou sont tranquillement en train de quitter le stade avec l'argent.

— Tu vas acheter quoi avec ta part du butin ? demande Bud.

— Hé, hé ! répond Lou. D'après

toi ? De la bonne viande ! Pas trop fraîche et qui sent fort, comme j'aime.

— Ouais ! On va se goinfrer ! Ah ! Ah !

Mais le triomphe des deux affreuses bêtes ne dure pas longtemps : Ace et Krypto sont déjà au-dessus d'elles. Superchien dirige habilement la soucoupe et, en atterrissant, il les assomme.

— Je crois que vous vous trompez, lance Krypto. Vous mangerez ce qui est au menu du zoo de Métropolis !

Les deux hyènes rieuses se mettent à pleurer comme des bébés.

— C'est pas drôle du tout ! dit Bud.

— Bouuuuuh ! Qu'est-ce qu'on va devenir ? se lamente Lou.

— Eh bien... une attraction pour les enfants ! conclut Ace.

Quelques instants plus tard, un camion du zoo de Métropolis emporte les deux hyènes, ligotées et muselées.

— Voilà une bonne chose de faite, se réjouit Krypto.

— Oui ! Il ne nous reste plus qu'à rendre l'argent au président du jury.

— Maintenant que le gaz soporifique ne fait plus effet, le concours d'élégance peut continuer.

— Je suis bien content qu'on ait cloué le bec au Joker et à ses complices. Je suis sûr que mon maître… euh… enfin, je veux dire… mon partenaire sera satisfait.

— Oui, Bat-Chien ! Je crois que Batman peut être fier de toi. Et je trouve qu'on forme une super équipe, tous les deux !

— Je dois reconnaître que tu te débrouilles plutôt bien pour un chien qui n'a pas toutes mes qualités… Je plaisante ! rectifie aussitôt

Ace en voyant la grimace de Krypto. Tu es vraiment un Super-chien et mon nouveau Bat-Ami !

Fin

Pour le savoir, tourne vite la page !

KRYPTO
The SUPERDOG™

Dans le tome 8 :

S.O.S bébé !

Kévin doit garder sa sœur... et ça ne l'amuse pas du tout ! Alors, Krypto fait la nounou à la place de son maître. Mais la petite fille joue avec un télé-transporteur : du coup, elle disparaît et réapparaît n'importe où dans la ville ! Et bien sûr, les catastrophes s'enchaînent les unes après les autres...

Les as-tu déjà lus ?

Première mission

Bienvenue sur Terre !

Une rencontre extraordinaire

Un super ami

Deux chats pour Andréa

Ignatius, le terrible

Table

«

Pour l'éditeur, le principe est d'utiliser des papiers composés de fibres naturelles, renouvelables, recyclables et fabriquées à partir de bois issus de forêts qui adoptent un système d'aménagement durable. En outre, l'éditeur attend de ses fournisseurs de papier qu'ils s'inscrivent dans une démarche de certification environnementale reconnue. »

Composition **JOUVE** – 45770 Saran

Imprimé en France par Jean-Lamour - Groupe Qualibris
Dépôt légal : janvier 2009
20.20.1729.1/01 – ISBN 978-2-01-201729-0
Loi n°49-956 du 16 juillet 1949
sur les publications destinées à la jeunesse